호남 관군과 의병은
왜 진주성에서 목숨을 바쳤을까

호남 관군과 의병은
왜 진주성에서 목숨을 바쳤을까

박희봉 지음

논형

박희봉(朴熙峯)

중앙대학교 공공인재학부 교수.

한양대학교를 졸업하고, 미국 Temple University 정치학과에서 행정학 전공으로 박사학위를 취득했다. 중앙대학교 공공인재학부에서 조직론과 리더십론을 강의하고 있고, 주요 연구분야는 사회자본이다. 2015년 신동아 4월호에 행정학 분야 논문인용지수(Korea Citation Index) 1위의 학자로 소개된 바 있다. 주요 논문은 홈페이지(www.socialcapital.re.kr)에 실어 놓았다. 대표저서로는 『사회자본: 불신에서 신뢰로, 갈등에서 협력으로』(2009), 『좋은 정부 나쁜 정부』(2013), 『교과서가 말하지 않은 임진왜란 이야기』(2014) 등이다.

이 책은 2014년 『교과서가 말하지 않은 임진왜란 이야기』(2014)를 저술하면서 역사 속에 묻혀있던 김시민 장군의 공적을 기리고, 일제에 의해 철저하게 왜곡된 우리 역사의 진실을 보여주기 위해 쓰게 되었다. 앞으로 2차 진주성전투에서 산화한 5,800명의 열사에 대한 이야기를 쓸 계획이다.

호남 관군과 의병은 왜 진주성에서 목숨을 바쳤을까

초판 1쇄 인쇄 2016년 4월 20일
초판 1쇄 발행 2016년 4월 30일

지은이 박희봉

펴낸곳 논형

펴낸이 소재두

등록번호 제2003-000019호

등록일자 2003년 3월 5일

주소 서울시 관악구 성현동 7-77 한립토이프라자 6층

전화 02-887-3561

팩스 02-887-6690

ISBN 978-89-6357-171-3 03910

값 3,000원

이 도서의 국립중앙도서관 출판예정도서목록(CIP)은 서지정보유통지원시스템 홈페이지(http://seoji.nl.go.kr)와 국가자료공동목록시스템(http://www.nl.go.kr/kolisnet)에서 이용하실 수 있습니다.(CIP제어번호: CIP2016009464)

한 명의 왜적이라도 더 물리쳐야 한다며
사지로 가 목숨을 던진
5,800명의 열사께 이 책을 바칩니다.

서문

1593년 6월, 9만 3천 명의 일본군이 진주성 앞에 나타났다. 지난 해 10월, 3만 명의 병력으로 진주성을 공격하였으나 실패하였기 때문에 이번에는 3배가 넘는 병력을 동원한 것이다. 이번 공격은 도요토미 히데요시가 직접 지시했다. 그는 1년 6개월을 지속한 전투 결과 일본군이 더 이상 조선을 복속시키는 것이 불가능함을 깨닫고 한강 이남을 실효 지배하는 것으로 전략목표를 바꾸기 위함이다. 그는 조선의 명장 김시민 목사가 진주성에 버티고 있는 한 한강 이남을 지배하기 어려울 것으로 판단한 것이다.

경상도 및 충청도 북쪽에서 상황만 지켜보며 일본군과 강화협정을 진행하고 있던 명군은 진주성을 일본군에게 내주기로 했다. 그래서 조선 중앙군에게 진주성에서 퇴각할 것을 명령했고, 진주성을 방어하고 있던 조선 중앙군은 이 명령을 이행했다. 3천 명의 진주 관군의 사기가 떨어졌다. 지난번 진주대첩에서 일본군의 공세를 완벽하게 막아냈던 진주 관군이었지만 전투 끝에 김목사가 전사했고, 이제는 중앙군이 퇴각하는 가운데 30배가 넘는 일본군을 맞아 싸우기 어렵게 되었다.

그러나 새로운 반전이 일어났다. 전라도와 충청도에서 관군과 의병이 진주성에서 함께 싸우겠다고 몰려왔다. 이들은 이곳이 사지임을 잘 알고 있었다. 그럼에도 불구하고 이들은 자발적으로 진주성에 들어왔다. 진주 관군 3천 명, 그리고 전라도와 충청도 병사 2,800명은 8박 9일 동안 24회의 전투를 승리했다. 그러나 일본군의 집요한 성 굴착과 장기간의 장맛비로 인해 성이 무너짐으로 인해 25번째의 공격을 막지 못했다. 5,800명의 열사는 이 전투의 결과를 예견한대로 모두 진주성에서 목숨을 바쳤다.

국립진주박물관의 노력에 의해 5,800명의 열사 중에서 157명의 진주성 전투 사망자의 신원이 밝혀졌다. 이 명단에는 진주목사와 진주판관을 제외한 진주 관군이 들어있지 않다. 지휘관이 아닌 일반병사로 참여한 관군의 신원은 보이지 않는다. 157명의 대부분은 의병인 것이다. 그런데 157명 중에서 107명이 전라도 출신이다. 전라도 출신 관군과 의병이 직선거리 100km가 넘는 곳에서 진주성을 지키고자 달려온 것이다.

이 책은 임진왜란 때 얼마나 많은 전라도 관군과 의병이 경상도에서 싸우다 목숨을 바쳤는지에 대해 썼다. 독자들과 함께 우리 조상들이 어떻게 이 나라를 지켰는지를 생각하고자 한다.

2016년 봄날

박희봉

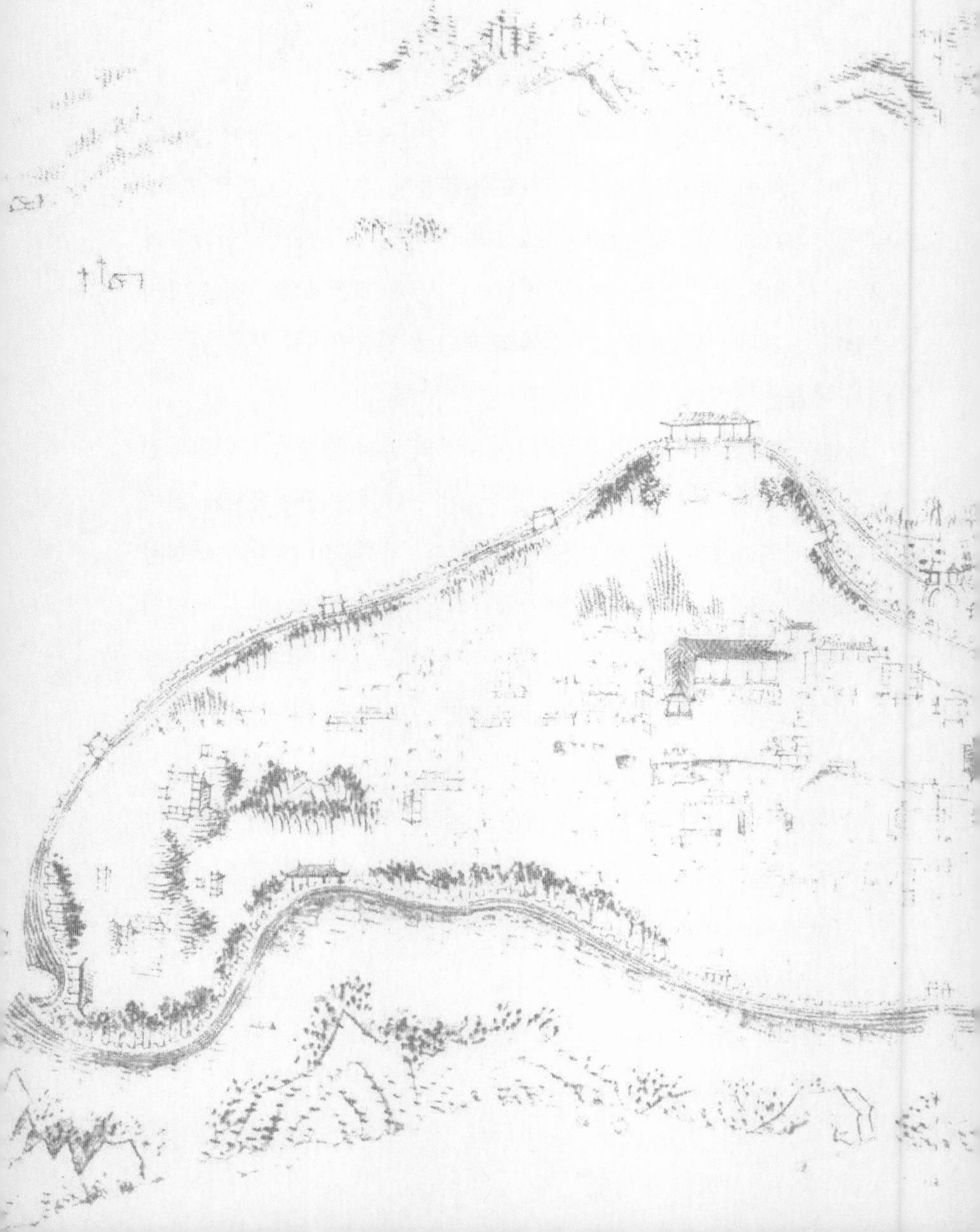

차례

진주성 전투 전사자 157명 중 107명이 호남출신

한국인은 임진왜란이 발발한 초기에 일본군이 파죽지세로 조선의 핵심 지역을 점령한 것을 기억하고 있다. 1592년 4월 13일 일본군 1군이 부산 영도에 상륙한 이후, 4월 14일 부산진성, 4월 15일 동래성이 함락된 것을 시작으로 5월 3일 한양성, 6월 15일 평양성이 함락되었다. 전쟁이 발발한지 두 달 만에 주요 지역이 대부분 점령된 것이다. 실제로 이 기간 동안에 벌어진 대부분의 전투는 일본군이 압도하였다. 조선관군이 동원된 상주전투, 충주 탄금대전투, 임진강전투, 용인전투에서 조선군은 일본군에 일방적으로 패한 것이다. 이 두 달간의 전투 결과가 전반적인 임진왜란에 대한 한국인의 관점으로 지금까지 각인되어 있다.

그러나 1924년 일본군 합동참모본부가 임진왜란이 정당한 전쟁이었음을 전제로 기술하여 편찬한 『일본전사 조선역』의 기록을 보면 우리에게 각인되어 있는 임진왜란에 대한 기억이 잘못된 것임을 알 수 있다. 기록에 의하면, 우리가 상상하기 어려울 정도의 많은 일본군이 임진왜란에 참전하였고, 엄청나게 많은 일본군이 전투 중에 사망한 것을 알 수 있다.

『일본전사 조선역』에 따르면, 1592년 4월 조선에 파견된 일본군이 1번대에서 9번대까지 15만 8,700명이고, 수군은 4,500명으로 1차로 침략한 일본군은 16만 3,200명이다. 이들 병력 이외에 조선에서 전투를 벌인 기록이 확실한 일본군은 모두 22만 4,774명이다. 그런데 1년 2개월이 지난 1593년 6월 제2차 진주성 공격을 위해 편재된 일본군은 9만 3,000명, 부산과 거제도에 주둔하고 있던 예비 병력을 합하면 12만 1,578명이다. 일본군 참전 병력이 지휘관 별로 되어 있고 병력수가 시기별로 꼼꼼하게 적혀있는 것을 정리해보면, 제2차 진주성전투가 벌어지기 이전까지 일본군 22만 4,774명 중에서 12만 1,578명이 살아남았고 10만 4,196명이 사망했다는 결론에 이른다. 일본군 사망자 중에서 1593년 1월 평양성에서 이여송이 이끄는 조 · 명연합군에 의해 사망한 일본군은 1,500명이 되지 않는다. 그렇다면 순수하게 조선 관군 및 의병에 의해 죽임을 당한 일본군이 1년 2개월 동안 10만 명이 넘는다는 결론이다.

특히 일본군의 선봉에서 가장 많은 전투기록을 남겼고, 평양까지 점령한 바 있던 고니시 유키나가(小西行長)의 1번대는 1592년 3월 조선출병 당시 18,700명 규모였으나, 1년 후인 1593년 3월에는 6,626명만이 생존

하여 사망률이 64.56%에 달하였다. 또한 전투기록이 많지 않은 황해도에 주둔했던 일본군 3번대(대표장수: 구로다 나가마사 黑田長政)는 같은 기간 동안 사망률이 53.80%, 강원도에 있었던 일본군 4번대(대표장수: 모리 요시나리 毛利吉成)의 사망률은 56.35%, 충청도에 주둔했던 5번대(대표장수: 후쿠시마 마사노리 福島正則)의 사망률은 45.27%에 이른다. 한마디로 조선 전국에서 일본군이 사망한 것이다. 이것은 조선 관군과 백성들이 임진왜란 내내 각지에서 끊임없이 항전했다는 것이고, 이 결과 일본군이 후퇴할 수밖에 없었다는 것을 의미한다.

이 글에서는 이러한 임진왜란에 대한 새로운 증거와 맥을 같이 하는 또 다른 증거를 제시하면서 임진왜란에 대한 우리 역사를 살펴보려고 한다. 이 글 말미에 있는 〈부록〉에서 보는 바와 같이, 제2차 진주성전투에서 전사한 것으로 각종 문헌에서 확인된 조선 관군과 의병은 157명이다. 그런데 확인된 전사자 중에서 107명이 호남 출신이다. 확인된 사망자 3명 중 2명 이상이 호남출신인 것이다. 교통도 발달하지 않은 당시의 실정을 감안하면 상식적으로 이해되지 않는 수치이다. 이것을 이해하기 위해 임진왜란 때 호남관군과 의병이 어디에서 어떻게 싸웠는지를 살펴보겠다.

초기 해전에서의 호남 수군

박홍*이 지휘하던 경상좌수영과 원균**의 경상우수영에는 판옥선 88척과 협선 58척 등 146의 전함이 있었고, 좌 · 우수영을 합한 경상도 군사는 약 24,000명이 있었다. 경상도 수군은 수적으로도 고니시가 이끈 일본군 제1번대를 충분히 대적할만 했다. 병선의 질적 수준을 보아도 조선 수군의 주력 병선인 판옥선은 화포가 10문씩 장착되어 있었던 반면, 일본 수군은 화포가 없었다. 만일 박홍과 원균의 경상도 병선이 출동하여 일본군과 해전을 벌였다면 임진왜란은 전혀 다른 양상이 되었을 것이다.

그러나 박홍과 원균은 일본 수군의 기세를 보자마자 전투를 포기하였다. 박홍은 함선과 무기가 적에 넘어가면 적을 도울 것이라고 하면서 경상좌수영 내 모든 배에 구멍을 뚫어 수장시킬 것을 지시하고, 군대를 해산시켰다. 그 후 박홍은 소수의 군사를 이끌고 동래성으로 들어갔다. 경상우수사 원균은 경상우수영의 판옥선 4척과 협선 2척만을 남기고 대부분의 배를 침수시켰고, 수군 1만 명을 자진 해산시켰다. 그리고 소수의 군관과 함께 남해로 피했다. 이로써 부산에 있던 경상좌수영과 통영의 경상우수영의 2만 4,000명의 수군은 전투 한 번 치

* 박홍(朴泓, 1534년~1593년)은 1556년에 무과에 합격한 후 선전관, 강계부판관, 종성 부사 등을 지냈고 임진왜란 때 경상좌도수군절도사를 맡았다. 일본군이 몰려오자 경상좌수영의 모든 배를 수장시키고, 식량 창고에 불을 지르고 도망쳤다.

** 원균(元均, 1540~1597)은 1567년 무과에 합격한 후 선전관을 거쳐 함경도 조산보만호(造山堡萬戶)로 부임하였다. 1583년 니탕개의 난을 토벌하는 데 공을 세워 부령부사와 종성부사를 거쳐 1591년 전라좌도수군절도사로 임명되었다. 임진왜란 때 각종 해전에 이순신과 함께 참전한 바 있고, 1597년 7월 15일 칠천량 해전에서 패전한 후 전사했다.

러보지도 못한 채 자체 붕괴했다.

경상좌수영과 우수영의 무능과 판단착오와는 달리, 임진왜란이 발발한지 1개월이 되기 전부터 전라도 수군의 맹활약이 시작된다. 당시 전라도 수군은 여수를 본거지로 한 이순신 휘하의 전라좌수영에 거북선 2척, 판옥선 24척, 협선 15척 등 총 41척에 군사 약 7,000명이고, 해남에 지휘부를 둔 이억기 휘하의 전라우수영에 판옥선 25척, 협선 16척 등 총 41척에 군사 6,800명이다. 즉 전라도 수영은 거북선 2척, 판옥선 49척, 협선 31척, 병사 약 13,800명이다. 또한 충청도 수영에 판옥선 40척이 있었다. 실제 전투에서는 충청도 함선이 판옥선 1척 등 10척이 참가했다는 것으로 미루어 대부분의 해전은 전라도 수군 중심으로 이루어졌다.

전라도 수군은 임진왜란 초에는 지역방어를 위해 멀리 떨어져 있는 경상도로 원정을 자재하였으나, 한양성이 함락된 후 바로 일본군이 있는 경상도 바다로 진출하였다. 이순신과 이억기가 이끄는 전라도 함대가 경상도로 진출한 첫 날은 한양성이 함락된 다음 날인 5월 4일이다. 1차 해전은 5월 7일 거제도 옥포에서 벌어졌다. 옥포해전은 원균의 경상우수영에서 판옥선 4척, 협선 2척, 병력 620명을 동원하였고, 이순신의 전라좌수영을 중심으로 한 전체 병력은 판옥선 27척, 협선 17척, 병력 3,700명이다.

조선 수군과 일본 수군이 처음으로 격돌한 해전에서 승부는 바로 결정되었다. 일본군은 각종 전투에서 항상 승리하였다는 자만감에 도취되어 조선 함대에 달려들었다. 그러나 27척의 판옥선에 10문씩 장착된 화포가 불을 뿜으면서 일본 병선은 별다른 힘을 쓰지 못하고 파손

되었다. 이것을 본 조선군의 사기가 올랐고, 느리지만 튼튼한 조선의 판옥선이 상대적으로 빠르기는 하지만 구조가 약한 일본 병선에 돌진하여 파괴시켰고, 파손된 배에서 허둥대는 일본군을 조선의 사수들이 쏘아 죽였다. 2시간의 격전 끝에 일본군의 대선 16척, 중선 8척, 소선 2척 등 합계 26척을 격파했다. 일본군 전선의 정원이 대선 200명, 중선 100명, 소선 40여 명인 것으로 미루어 4,000여 명의 일본군이 사망한 것이다. 이에 반해 조선 수군은 단 1척의 전함 손실도 없었고, 전사자도 발생하지 않았으며, 오직 1명의 부상자만 있었다. 임진왜란에서 전세를 역전시키기 시작한 최초의 승리이고, 조선군의 장점을 발휘한 완벽한 전술의 승리였다.

당일 조선 수군은 합포해전에서도 또 다시 승리를 거두었고, 다음날에는 적진포에서 승리를 거두었다. 이렇게 조선 해군은 1차 출정, 3회의 해전에서 완승을 거두었다. 1차 출정에서 거둔 전과는 일본군 전선 42척 격파에, 일본군 약 6,000명의 수장이다. 조선 수군은 거의 피해를 입지 않았다. 일본군에게도 약점이 있음을 알게 된 매우 소중한 경험이었다. 이러한 조선 수군의 압도적인 승리는 의주의 피난 조정에게도 힘을 불어 넣어주었고, 경상도와 전라도 지역의 고을 수령과 선비들로 하여금 군사를 모집하고 의병을 소집하는 자극제가 되었다. 이순신 장군 역시 정3품에서 종2품 가선대부*로의 품계가 승진되었다.

* 가선대부(嘉善大夫)는 특별한 공이 있거나, 나라와 왕실에 경사가 있을 때 주는 품계로 특별한 벼슬이 아닌 명예를 부여하는 품계이다.

조선 수군의 2차 출동은 이순신 함대가 거북선을 포함한 판옥선 23척과 협선 15척을 거느리고 노량을 향해 항진하면서 시작되었다. 이순신은 노량으로 향하던 도중 경상우수영 함대 소속 판옥선 3척과 하동에서 합류하였고, 이어 전라우수영 이억기 함대도 합류하였다. 5월 29일부터 6월 10일까지 사천해전, 당포해전, 진해해전, 당항포해전, 율포해전 등 5차례의 해전을 치렀다. 조선 해군은 2차 출정에서 5차례의 승리를 통해 일본군 선박 72척을 격파하고, 적군 1만여 명의 손실을 안기는 전과를 거두었다. 조선군은 선박의 손실 없이 전사 11명, 부상 47명이었다.

조선 수군은 5월과 6월에 있었던 두 번에 걸친 출정에서 일본군 전선 104척을 격파하고, 일본군 약 16,000명을 수장시켰다. 조선군은 선박 1척도 잃지 않은 채, 전사 11명과 부상 47명만의 피해를 입어 완벽한 승리를 거두었다. 일본군은 이로써 나고야에 주둔하고 있던 예비대를 바닷길을 통해 평양 이북으로 보내어 명나라를 공격하려는 계획에 차질이 생겼을 뿐만 아니라 병참보급에 문제가 발생하게 되었다.

용인전투에서의 호남 관군

1592년 5월 2일 임진왜란이 발발한지 17일 만에 한양성이 일본군에게 함락되었다. 선조 임금은 몽진을 떠나기 전에 변란의 책임이 자신에게 있다는 것을 백성들에게 알리면서 나라를 구하기 위해 궐기할 것을 호소했다.

선조 임금의 교서가 알려지자 전국에서 군대가 결집되었다. 전라도에서도 조선군지휘부를 중심으로 각 고을 수령들이 군대를 모았다. 전라도관찰사 이광, 전라도방어사 곽영 등은 전라도에서 5만 명의 군대를 모았고, 경상도관찰사 김수와 충청도관찰사 윤선각 등이 3만 명의 병사를 모아 합세했다. 이들은 스스로를 남도근왕군(南道勤王軍)이라 칭하여 한양성을 수복하기 위해 북으로 향했다. 이들 8만 명의 군세에 사기도 높았다.

그러나 이들은 훈련을 받지 않은 오합지졸의 병사들이었다. 원정길에 오른 지 얼마 되지 않아 일부 부대가 이탈하는 등의 문제를 보였다. 이러한 남도근왕군은 수원에 도착했다. 수원에 머물고 있던 소수의 일본군은 엄청난 수의 조선군이 갑자기 밀어닥치는 것을 보고 용인으로 후퇴했다. 당시 용인에 머물고 있던 일본군은 와키사카 야스하루(脇坂安治)가 지휘하던 수군 1,600명이다. 용인·수원 등지에는 해전과 병력수송 임무의 중요성이 떨어져 육지로 올라와 지역을 방어하고 있던 수군이었다.

6월 5일 1,600명의 일본군이 바로 5만여 명의 조선군을 공격하였다. 전투진영도 갖추지 못한 조선군은 기습을 당해 선두가 무너졌다. 다음 날 조선군은 아침 식사 중에 재차 일본군의 기습을 받았다. 5만 명의 대군이 일시에 무너졌다. 오직 군대를 조직적으로 통솔한 권율과 황진만이 휘하 군을 온전히 이끌고 퇴각하였다.

자발적 군대 조직

일본군이 부산성에 도착하여 부산성과 동래성을 점령한 후, 양산, 밀양, 언양, 김해, 경주, 창원 등 경상도 남부로 진출하고 있을 무렵 현풍*의 곽재우가 4월 21일 처음으로 거병하였다. 곽재우는 자신의 재산으로 군량과 무기를 마련하고, 친지와 사노비를 중심으로 지역주민을 규합하여 군대를 모았다. 곽재우의 병력은 지역 사림의 협력으로 눈덩이처럼 불어났으며, 인근 고을의 관군까지 합세하여 4,000명까지 불어났다.

곽재우의 거병에 이어 5월 8일 합천에서 정인홍 역시 의병을 모집했다. 초계**의 이대기, 이대표, 이철제, 전치원, 이정 등이 병사를 모집하여 정인홍에 합류하였고, 합천의 손인갑, 고령의 김응성 뿐만 아니라 인근 성주 지역의 관군과 의병도 정인홍군에 합류하였다. 정인홍 군대는 3,000명에 달한 것으로 알려져 있다. 고령에서는 공조좌랑***을 지낸 바 있는 김면 역시 자신의 친인척과 지역주민 700명을 모집하여 거병하였다. 지역 곳곳에 격문을 보내어 의병을 모으니 4~5일 만에 고령과 거창 등지에서 2,000명이 모였고, 한 때 그 수가 5,000명에 이르기도 하였다. 이외에도 단성에서 권세춘이 500명을 모아 거병했고, 진주에서는 허국주가 700명을 모았으며, 함안군수 유숭인도 피난갔던 산에서 내려와 1,100기의 기병을 모아 전투준비에

* 대구광역시 달성지역의 옛 지명.

** 경상남도 합천 지역의 옛 지명.

*** 조선시대 공조(工曹)에 두었던 정육품(正六品) 관직.

박차를 가했다.

충청도에서도 5월 초 내금위 선전관을 지낸 무관 조웅이 충주지역에서 거병하였다. 조웅 부대는 5,000명에 이르기까지 하였다. 5월 21일 보은현감을 지낸 바 있는 조헌이 옥천을 중심으로 인근에서 1,000명 의병을 모집했다. 같은 시기 공주 출신 승려 영규가 승병 500명을 일으켰다.

전라도에서는 5월 초 담양부사, 한성부윤, 수원부사를 지냈던 김천일*이 나주에서 의병 1,000명을 모았고, 한양으로 진군하면서 충청도에 이르렀을 때 보다 많은 군사가 합류하였다. 6월에는 전동래부사 고경명이 고향인 광주와 장흥 등 전라도 20여 개 고을에서 의병을 모집하여 6천여 명에 이르는 부대를 조직했다. 그리고 고경명은 또 각도에 격문을 돌리고 제주목사 양대수에게 격문을 보내어 말을 모았다.

이상과 같이 조선백성은 임진왜란 소식을 듣고는 바로 고을마다 지역의 수령 및 사림들을 중심으로 군대를 조직했다. 경상도와 충청도, 전라도 지역에서 군대의 조직화가 다른 지역보다 빠른 것은 이들 지역

* 김천일(金千鎰, 1537년~1593년)은 전남 나주 출신으로 1573년(선조 6년) 학행으로 발탁되어 군기시 주부를 시작으로 용안현감과 강원도 · 경상도의 도사를 역임하였다. 사헌부 지평 때 상소를 올렸다 좌천되어 외직으로 나갔으며, 1578년(선조 11년) 임실 현감을 지낸 이후 담양부사 · 한성부 서윤 · 수원부사를 역임하였다. 1592년 5월 의병을 일으켜 평안도를 향하다 일본군과 전투를 벌이며 수원 행산고성을 거쳐, 8월 전라병사 최원의 관군과 함께 강화성으로 들어갔다. 그 공으로 장례원 판결사가 되고 창의사(倡義士)의 군호를 받았다. 왜군의 점령 하에 있던 한성부에 결사대를 비밀 잠입시켜 싸우거나, 한강변의 여러 일본군 진영을 급습하는 등 크게 활약하였다. 일본군이 남으로 후퇴하기 시작하자, 이를 추격하였고, 1593년 6월 경상우도절도사 최경회 등과 진주성을 구원하고자 입성하여, 아들 김상건과 함께 전사하였다.

이 전쟁발발 소식을 다른 지역보다 먼저 경험했기 때문이다. 이들은 일본군과의 효과적인 전투를 위해 대규모 군대조직을 자발적으로 결성하였고, 소규모 전투단위는 무관출신들이 맡아 전투를 지휘하였다. 특히 1592년 6월 평양성이 함락된 후 국왕이 전국적으로 거병할 것을 호소하자 이들은 전국적으로 조직을 확산시켰고, 일본군에 적극적인 공세를 취했다.

호남 관군과 의병의 전라도 방어 및 타지역 출전

전라도 지역을 담당한 일본군 제6번대의 전투기록은 새로운 의미가 있다. 일본군 6번대는 한양성 함락 이후 영동과 무주를 거쳐 금산성(錦山城, 현 충남 금산)에 본부를 주둔시켰다. 이 부대는 1592년 7월부터 웅치와 이치를 넘어 전라도 전역을 장악하기 위해 전주성으로 향하였다. 충청도 금산에서 전주로 가려면 웅치 또는 이치 고갯길을 넘어야 했다. 전주로 향하던 일본군은 두 부대로 나누어 한 부대는 용담과 진안을 거쳐 웅치를 향했고, 다른 부대는 진산을 거쳐 이치를 넘으려 했다. 웅치를 향하던 일본군은 1만 명으로 제6번대 총 1만 5,700명 중 주력이었고, 이치를 향하던 일본군은 2천에서 3천 명으로 추정된다.

이때 광주목사 권율이 용인전투에서 보전하고 있던 군사 1,500명을 이끌고 전주 감영으로 들어와 일본군 응전을 지휘하였다. 임시 도절제사를 맡은 권율은 정담을 웅치로 파견하고, 황진을 이치로 보내 방어진지를 구축했다. 적이 올 수 있는 길목에 함정을 파고, 방어책을 설치하였으며, 참호도 파 전투준비를 하고 적을 기다렸다.

웅치와 이치전투에 파견된 조선군 규모는 알려져 있지 않다. 권율의 군대와 다른 군현의 군대, 의병군, 전주감영의 주둔군을 감안하면 총 병력 7천에서 8천 명 정도로 추산된다. 그리고 각 고갯길을 지키던 조선군은 2천에서 3천 명 정도로 추산된다.

웅치를 방어하기 위해 조선군은 전면 제1저지선에 의병장 황박 군사, 제2저지선에 나주판관 이복남 군대, 제3저지선인 고개 마루를 김제군수 정담이 지켰다. 7월 7일 오후 늦게 일본군이 공격을 시작하다가 밤이 되어 물러났다. 8일 아침부터 일본군이 공격했다. 오전 중에 조선군 제1저지선과 제2저지선이 무너지고, 정오에 제3저지선도 위험에 처했다. 결국, 정담과 그의 종사관 이봉, 비장 강운과 박형길이 전사했고, 변응전은 중상을 입었다. 나주판관 이복남이 남은 군대를 이끌고 후퇴하여 전주 근교 안덕원으로 물러났다. 이날 저녁 일본군은 웅치를 돌파하였고, 결국 일본군은 전주성 앞까지 도착했다. 또한 이치에서도 전투가 벌어졌다. 권율과 황진의 정예 조선군이 용감하게 싸운 끝에 이치를 지켜냈다.

7월 8일 저녁 전주성에 도착해 있던 일본군과 이치에서 전투를 벌이고 있던 일본군이 금산성으로 퇴각했다. 금산성에 있는 일본군 제6번대 본대에 고경명이 이끄는 의병이 접근하고 있었기 때문이다. 금산성이 조선군에 점령당한다면 일본군 6번대는 조선군에 의해 포위되기 때문에 일본군이 후퇴할 수밖에 없었던 것이다.

고경명은 광주에서 거병하여 남원, 김제, 임피 등 고을의 군사와 군량을 모아 여산에 모여서 평양으로 진군하고 있었다. 이때, 전주에 있던 전라감영 방어사령부에서 보낸 곽영이 고경명에게 금산에 있던 일본군이 웅치와 이치를 공격하고 있다는 것을 알렸다. 고경명은 7월 8일 연산을 떠나 7월 9일 이치와 금산 사이의 진산에 도착했다. 고경명 부대는 진산에서 방어사 곽영과 영암군수 김성헌이 거느린 관군과 합류했고, 이들은 금산성을 포위했다. 당시 금산성을 포위한 조선군은 7,000명 정도이고, 전주와 이치에 있다가 돌아온 일본군과 본대에 주둔하고 있던 일본군은 총 1만 3,000명으로 추정된다.

7월 10일 제1차 금산성전투가 벌어졌다. 고경명이 먼저 기병 1백여 명을 보내어 서문을 공격하였다. 일본군이 서문으로 나와 조선군과 백병전이 벌어졌다. 고경명을 포함한 지휘관들이 전사하면서 조선군이 무너졌다. 그런데 조선 관군과 의병의 금산성 공격은 고경명 부대 이후에도 지속된다. 조헌과 영규가 충청도에서 거병한 의병을 이끌고 재차 금산성을 공격했다. 고바야카와 다카카게(小早川隆景)가 지휘한 일본군 제6번대는 고경명군의 제1차 금산성전투와 조헌과 영규의 제2차 금산성전투에서 모두 승리하였지만, 결국 9월 17일 전라도 점령을 포기하고 성주성으로 철수했다.

이로써 전라도는 일본군의 침략으로부터 온전하게 유지할 수 있었다. 더욱이 전라도의 조선군과 의병은 지속적으로 조직을 확장하여 전투가 빈번하게 벌어지고 있는 다른 지역까지 출정을 하였다.

진보현감을 지냈던 임계영은 7월 20일 보성에서 거병하여 낙안, 순천, 구례를 경유하며 군사를 모집하다 남원에 이르러 1,000명의 의병을 규합 전라좌의병이라 칭하고 장수, 거창, 합천, 성주, 개령, 진주, 고성, 거제 등지에서 일본군과 전투를 벌이는 등의 공적을 세웠다. 담양부사와 장수군수를 지낸 후 고향인 화순에 거주하던 최경회*는 7월 26일 광주에서 거병하여 담양, 순창을 거쳐 남원에서 2,000명의 의병을 모아 출정하였다. 최경회는 이들을 전라우의병이라 칭하고 금산에서 퇴각하는 일본군을 추격하여 우지치에서 크게 격파하고, 1592년 10월 제1차 진주성전투 때 진주성 외곽에서 전투를 벌였다.

남원의 전참봉 변사정은 흩어진 군사 2,000명을 모아 적개의병**을 조직하였고, 정염은 남원의 백성들이 흩어진 군사를 불러 모은 향병을 지휘하였으며, 순천 무사인 강희열은 처음에는 고경명을 따라 군사를 일으켰는데 금산에서 패하자 고향으로 돌아가 군사를 다시 조직하였다. 해남의 진사 임희진과 영광의 첨정 심우신, 태인의 민여운이 각

* 최경회(崔慶會, 1532년~1593년)는 전라남도 능주(綾州, 현 화순군) 출신으로 1561년 명종 16년 생원시에 합격하여 진사가 되었고, 1567년(선조 즉위년) 식년시 문과에 을과로 급제한 후, 성균관 전적을 시작으로 사헌부 감찰, 형조 좌랑에 이어 옥구, 장수, 무장의 현감을 역임하였다. 장수현감으로 재직할 때, 논개의 모친이 딸이 민며느리로 부당하게 팔린 것을 호소한 사건을 통해 이들 모녀를 알게 되었으며, 이들이 거처할 곳이 없음을 말하자 관청에서 지내게 배려하였고, 이후 이들을 계속 보살펴 주었다. 이 인연으로 논개는 최경회의 후실로 알려진다. 1590년(선조 23년) 모친 평택임씨가 임종하여 상을 치르기 위해 벼슬을 내어놓고 고향인 화순으로 낙향하였다. 1592년 임진왜란이 발발하자, 큰형 경운(慶雲)과 둘째형 경장(慶長)과 함께 고을 사람들을 설득하여 화순 삼천리에 의병청을 설치하고 의병을 모집하여, 금산과 무주, 합천 및 성주 등에서 일본군과 싸웠고, 1592년 10월 진주대첩에서는 외원군으로 진주 관군을 지원하였다. 이 전공으로 1593년 경상우도 병마절도사로 승진하였다. 이후에도 경상도에 머물면서 일본군과 전주를 벌였다. 1593년 6월 제2차 진주성 전투에서 창의사 김천일, 충청도 병마절도사 황진 등과 함께 싸우다 전사하였다.

** 적에 대한 분노와 증오로 외적의 침입을 물리치기 위하여 백성들이 자발적으로 조직한 군대.

각 군사를 모집하여 영남으로 출정하였고, 모두 제2차 진주성전투에서 전사했다. 해남의 임시 장군 성천기, 임피의 진사 채겸진과 이이남도 의병을 일으켰고, 처영은 호남에서 승군을 조직하는 등 지속적으로 의병을 조직하여 일본군과 싸웠다.

한편, 권율은 8월에 나주목사로 승진하였다가, 승첩의 보고가 들어가자 전라감사로 승진되었다. 황진은 익산군수로 승진되었다가 또 충청도조방장으로 승진되었다. 이복남은 당상관으로 승진되었다. 권율은 9월 전라도 각지의 수령과 승장 처영과 함께 군사 2만을 거느리고 국왕을 도우러 북진하였다. 10월에는 권율이 수원에 진을 치고 경기도에 있는 일본군과 대치하였다.

한산대첩과 재해권 장악

육지에서와 달리 일본 수군의 연패 소식에 도요토미 히데요시는 대노한 것으로 알려졌다. 바다를 완전히 장악한 것으로 생각해 수군까지도 지역전투에 참여시킨 도요토미 히데요시는 대규모 해전을 준비시켰다. 6월 28일 조선 수군과의 일전을 위해 일본 수군의 각 부대도 합류하였다. 일본 수군의 해상활동이 활발해졌고, 그에 대한 첩보가 조선 수군에 수집되었다.

조선 수군이 3차 출동을 하였다. 7월 4일 전라우수영 이억기 함대와 여수 전라좌수영에서 만나 작전협의를 마치고 6일에 여수를 출항하여 노량진에 이르러 경상우수사 원균과 합류하였다. 7일 조선 수군은 고성의 당포로 이동했는데, 일본 선박 70여 척이 견내량에 머물러 있다는 소식을 들었다. 일본 수군도 이날은 조선 수군과의 일전을 준비하고 있었다. 조선 수군은 전라좌수영 24척, 우수영 25척, 경상우수영 7척으로 판옥선 56척, 거북선 3척 출동이 출동했다. 이에 맞선 와키사카 야스하루가 지휘하는 일본군 함대는 대선 36척, 중선 24척, 소선 13척 모두 73척이었다.

7월 8일 역사적인 한산대첩은 견내량에서 시작됐다. 견내량은 통영과 거제도 사이의 폭 300m~400m, 길이 약 4km 정도로 함포사격에 의해 해전을 치르기는 좁았다. 이순신은 판옥선 5척으로 견내량으로 들어가 일본군 함대를 유인하였다. 적 함대가 출동하자 이순신은 배를 후퇴시켰고, 일본 선박은 빠른 속도로 추격했다. 결국 조선 수군과 일본 수군은 견내량의 입구에 있는 넓은 한산도 앞바다에서 마주쳤다.

일본 함대는 육지에서의 전투대형과 같이 열을 맞추어 종대로 밀집하여 공격해 들어왔고, 조선 함대는 학이 날개를 펴듯 횡대로 전투대형을 전개시켰다. 학익진이다. 한산도 앞 넓은 바다에서 오와 열을 맞추어 밀집대형으로 공격해오는 일본 함대에 대해 넓게 포위한 조선 함대는 지자총통, 현자총통, 승자총통 등을 발포하였다. 밀집대형으로 공격해오던 일본 함대는 조선 함대의 함포사격을 받고 부대 편제가 무너졌고, 포위망을 좁혀오면서 거북선을 필두로 돌격해 들어가는 조선 함대에 의해 궤멸되었다. 한산대첩에서 일본군 전선은 59척이 격파되거나 조선 수군에 나포되었고, 도주한 일본 선박은 14척이었다. 일본군 선박 1척에 평균 100명이 승선했다고 계산하면 6,000명 정도가 사망했을 것으로 추정된다. 이에 반해, 조선 수군의 함대는 단 1척의 손상도 없었고, 다음에 있을 안골포해전까지 포함하여 조선 수군은 전사 19명, 부상 119명에 그쳤다.

일본군은 전시상황을 빠르게 인식하고 있었다. 전투가 벌어지면 주변에서 발 빠르게 응원군을 보내던 일본군이 한산대첩이 있은 후에는 응원군을 보내 전투를 치르지 않고, 오히려 조선 수군을 피해 다녔다. 7월 8일 견내량에서 밤을 보낸 조선 함대는 9일 부산 앞바다에 있는 가덕도까지 진출하였고, 일본군 선박 40척이 안골포에 있음을 알았다.

7월 10일, 조선 함대는 둘로 나뉘었다. 전라우수영 이억기 함대는 가덕도 주변에 배치하고, 전라좌수영 이순신 함대를 필두로 경상우수영 원균함대가 안골포로 향했다. 안골포에는 일본군 대선 21척, 중선 15척, 소선 6척 등 42척이 선창 깊숙이 정박해 있었다. 안골포는 수심이 얕고 물길이 좁아 조선의 판옥선이 진입하기 어려웠다. 일본 수군은 조선 함대를 피해 대피한 것이다. 이억기 함대까지 합류한 조선 수군은 교대로 포격을 가한 끝에 일본군 선박 20척을 부셨다. 날이 어두워져 함대를 물려 넓은 바다에서 밤을 보낸 후 11일 새벽 다시 공격해 들어갔으나 일본 함대는 어둠을 틈타 모두 도주하였다.

안골포해전이 있은 후 전체 조선 바다는 조선 수군이 장악한다. 부산에서 진해까지 육지는 일본군이 장악했지만 조선 수군이 부산 앞바다까지 진출하여 육지를 향해 차례로 함포사격을 가하는 등의 무력시위를 했다. 조선 연합함대는 7월 12일 한산도로 이동하여 하루를 쉬고, 13일 각자의 수영으로 개선했다. 7월 6일부터 13일까지 7일 동안 한산대첩과 안골포해전에서 조선 함대는 일본군 전선 79척을 격파하고, 7,000명의 일본군을 수장시켰다. 이순신은 이에 대한 공로로 8월 1일 3도 수군통제사가 되었다.

이 시기 일본 수군은 조선 수군의 전투력이 강하다는 것을 확실히 인식하였다. 도요토미 히데요시는 일본 수군 장수들에게 해전을 중지하고 거제도에 성을 쌓아 조선 수군의 공격에 대해 방어할 것, 지시가 있기까지 조선 수군과 전투하지 말며 상대가 접근해 오더라도 뒤쫓아 가지 말 것 등을 지시하였다.* 자신의 군대의 강점을 극대화시키고, 약점을 최소화시키며, 상대방의 강점을 피하고 약점을 공격하는 일본군의 치밀함을 알 수있다. 따라서 조선 함대의 3차 출동 이후 일본 수군은 조선 수군을 보기만 하면 달아났고, 내륙 깊은 곳으로 피신하여 선박의 피해를 최소화하려 노력했다.

3차 출동 이후 조선 수군은 꾸준히 전투력을 보강했다. 전함과 화포를 보강하고 군사들을 꾸준히 보강했다. 조선 수군 4차 출동에 전라좌·우수영 판옥선 74척, 경상우수영 판옥선 7척으로 판옥선이 모두 81척이었다. 판옥선 25척이 새로 증강된 것이다. 협선은 전라수영 92척, 경상수영 7척으로 99척이었다. 조선 수군의 규모는 14,000명에 이른다. 부산 앞바다로 4차 출동을 하기 전 이순신은 전라우수영 이억기

* 도요토미 히데요시는 와키사카 야스하루(脇坂安治), 가토 요시아키(加藤嘉明) 등에게 해전을 중지하고 거제도에 성을 쌓고, 해안선을 따라 조선 수군과 싸울 것, 부산포에서 경상남도 해안에 걸쳐 보급로를 유지할 것, 히데요시의 지시가 있기까지 조선 수군과 전투하지 말며 상대가 접근해 오더라도 뒤쫓아 가지 말 것, 수군은 휴식을 취할 것 등을 명했다. (기타지마 만지, 2008. 115쪽).

함대를 여수로 불러 8월 1일부터 23일까지 합동훈련을 반복했다.

이순신 함대는 8월 24일 여수를 출발하여, 25일 통영에서 원균의 경상도 함대와 합류하였다. 조선 함대는 26일 견내량을 통과하였고, 27일 창원에서 보냈다. 28일 가덕도 장항포에서 척후선*을 보내 일본군의 동태를 살폈고, 29일 낙동강 하구쪽에 있는 장림포(부산 사하구)에서 일본군 대선 4척, 소선 2척을 격파했다. 9월 1일 아침 8시경 몰운대 앞에서 일본군 대선 5척, 다대포 앞에서 대선 8척, 서평포 앞에서 대선 9척, 송포 앞에서 대선 2척 모두 24척의 일본 수군 전선을 차례로 격파하였다.

9월 1일 조선 척후선으로부터 일본 함대 470여 척이 부산진성 동쪽 3곳에 집결해 있음을 알려왔다. 부산 앞바다에서 달려드는 일본군 대선 4척을 격파하고, 부산진성 앞바다에 포진해 있는 일본군 선단을 공격하였다. 조선 함대는 오후 4시부터 3시간 동안 일본 수군과 전투한 결과 대선 34척을 격파하였고, 정박해 있던 일본 선박을 함포사격에 의해 파괴했다. 8월 24일부터 9월 2일까지 8일간 파괴된 일본 선박은 약 100척에 달했으며, 일본 수군 약 3,000명이 수장됐다. 조선 함대의 4차 출동에서 조선 수군은 선박의 손실은 없었고, 사상자는 정운장군을 포함 31명이었다.

* 척후선(斥候船)은 함대 앞에서 적군의 상황과 지형을 정찰하는 정찰선이다.

진주대첩 외원군

진주대첩은 1592년 10월 5일 3만 명의 일본군이 진주성에 도착하면서 전투 시작을 알렸다. 실제로 쌍방은 10월 6일부터 10일까지 4박 5일 동안 10회의 전투를 벌였다. 진주대첩을 이끈 김시민 목사는 진주 관군 이외의 외원군(外援軍)을 성 안으로 들어오게 하지 않았다. 진주성 공성전을 잘 훈련되고 지휘체계가 정비된 진주 관군 중심으로 치르겠다는 김시민 목사의 의지가 반영되었을 것으로 판단된다.*

한편, 〈표 1〉에서 보는 바와 같이 진주대첩이 벌어지기 전에 삼가, 초계, 고성, 합천 등 진주성 주변에 있는 고을뿐만 아니라 최경회와 임계영과 같은 전라도 의병이 진주성 외곽에 포진하고 있었다. 전라도에서도 원군이 도착하여 진주성 주변에 포진하였다. 이것은 경상도와 전라도의 의병 및 관군은 상호간 유기적인 관계를 맺고 있었음을 방증한다. 이 외원군은 전투 도중에 일본군의 집중력을 분산시키고, 전투가 종료된 후 물러가는 일본군을 효과적으로 섬멸하려는 김시민 목사의 전략이 엿보인다.

* 김시민 목사는 외원군을 진주성으로 불러들이지 않았다. 심지어 경상우병사 유숭인(柳崇仁)이 함께 싸우자고 성문을 열어달라고 하였을 때 김시민은 외부에서 도우면 된다면 성문을 열어주지 않았다. “유숭인이 성에 들어가 함께 지키기를 원한다고 하니 목사 김시민(金時敏)이 생각하기를, “병사가 성에 들어오면 이는 주장(主將)을 바꾸는 것이니, 반드시 통솔하는 방법이 어긋나서 서로 합하지 못할 것이다.” 하고, 거절하고 들이지 않으며, “적병이 이미 어울렸으므로 성문을 엄하게 경계하는데, 만약 조금이라도 열고 닫으면 갑자기 침입할 염려가 있으니 주장은 밖에서 응원을 함이 옳습니다.” 하다(조경남, 1593, 『난중잡록(亂中雜錄)』, 권2, 1592년 10월 2일자).

〈표 1〉 제1차 진주성 전투 외원군

방면	주장	직위	병력	최근접지	비고
동면	윤탁	삼가의병장	200여 명	마현	
	정언충	초계가장	100여 명	마현	윤탁 군과 합세
	심대승	선봉장	200여 명	향교후산	곽재우 군
서면	최경회	전라우의병장	100여 명	살천장/단성	
	임계영	전라좌의병장	1,000여 명	함양	
	신열	승의장		단성	
	정기룡	진주한후장		살천	조경형과 동행
남면	조응도	고성가현령	500여 명	진현	정유경군과 합세
	정유경	진주복병장	500여 명	사천	
	최강	고성의병장		망진산	
	이달	고성의병장		두골평	
북면	김준민	합천가장	500여 명	단계 · 단성	전인홍 휘하, 중위장 정방준과 동행
계			3,100여 명		

지승종, 2010, 「16세기말 진주성 전투의 배경과 전투상황」, 조원래 편, 『임진왜란과 진주성 전투』, 국립진주박물관, p.43.

진주성 외원군 역시 진주성을 돕기 위해 필사적인 노력을 하였다. 일본군이 진주성에 진출한 10월 5일 이전에 각지의 의병이 진주성으로 몰려왔고, 진주성전투가 본격적으로 벌어진 10월 6일부터 일본군이 물러난 10월 10일까지 진주성 외곽에서 조선의병과 일본군 간의 산발적인 전투가 벌어진 바 있다. 고성의 최의도와 진주의복병장 정유경의 군사 500명, 정인홍과 합천가장 김준민, 그리고 중위장 정방준의 구원병 500명, 전라우의병장 최경회, 정기룡, 조경형의 군사 등은 일본군을 후방에서 견제했을 뿐만 아니라 실제로 전투도 벌인 바 있다. 즉 진주대첩의 승리는 김시민의 진주수성군의 확실한 공로임에는 분명하다고 할 수 있을 뿐만 아니라 경상우도와 전라도 의병의 협력에 의해 보다 효과적인 성과를 냈다고도 할 수 있다. 특히 최경회와 임계영이 전라도 전역에서 의병들을 모아 경상도 진주까지 출전하여 힘을 보탰다는 것은 또 다른 의미를 준다.

2차 진주성전투에서의 호남 관군과 의병

2차 진주성전투는 도요토미 히데요시의 명령에 의해 시작되었다. 그는 임진왜란 이전에 목표로 한 조선 점령 이후 명나라까지 점령이 현실적으로 실패하자 전쟁의 명분을 찾기 위해 조선 남부를 차지하겠다는 새로운 목표를 세웠다.

이를 위해 도요토미 히데요시는 명군과의 강화를 위한 협상을 지시했다. 일본군은 명군들이 강화협상을 원한다는 것을 잘 알고 있었다. 명군은 자국 군대의 희생을 최소화하면서 전쟁을 끝내고 싶어 했다. 실제로 벽제관전투 이후 명군은 일본군의 전투력이 강하다는 것을 알고는 일본군과의 전면전을 꺼렸고, 이에 따라 벽제관전투 이후에는 일본군에 접근하지 않았다. 일본군이 부산지역으로 후퇴한 이후에도 명군은 경상북도 지역 남쪽으로 진출하지 않았다. 그리고 강화협상 진행의 상징적 대가로 일본군은 함경도에서 포로가 된 임해군과 순화군 두 왕

자를 송환하였다.

현실적으로 강화협상은 명군뿐만 아니라 명군과 함께 움직이던 조선 중앙군의 발을 묶으려는 일본군의 전략이었다. 일본군은 진주성을 공략하기 위한 최선의 상황을 만들기 위해 일본군이 진주성으로 진격할 때 진주성을 비워줄 것을 미리 명군에 통지했다. 많은 병력을 동원하여 진주성을 공격할 것이니 명군은 관여하지 말라는 의미였다. 명군의 입장에서는 진주성의 전략적 가치보다는 하루 빨리 종전되는 것이 목표였으므로 진주성으로 군대를 보내지 않았다.

명군과 조선관군 주력이 전투에 나서지 않는다면 지역 관군과 의병의 사기가 떨어질 것이고, 그렇다면 당시 조선에 주둔한 일본군만으로도 진주성을 쉽게 함락하고 그 기세로 전라도와 충청도까지 진출할 것으로 판단했던 것이다. 진주성을 공략해야 하는 이유는 진주대첩에서 일본군에게 많은 희생과 패배를 안겨준 김시민이 지키고 있는 진주성을 점령하지 않고는 조선 남부를 경영할 수 없기 때문이다. 또한 진주대첩의 패배를 남겨둔다면 일본군의 사기를 끌어올릴 수 없기도 하다.

도요토미 히데요시는 경기도지역으로부터 부산지역으로 철수 중인 일본군에게 1593년 2월 27일부터 5월 20일까지 모두 5차례에 걸쳐 진주성 공격과 전라도 공격을 명령했다.* 그는 5월 1일 후퇴하는 일본군에게 보낸 명령서 15개조 중 7조에서 진주성을 공격하고, 진주성 함락 시 성 안의 조선인을 남김없이 베어 죽일 것, 8조에서 진주성을 함

* 參謀本部編, 1924, 『日本戰史 朝鮮役』, 附記, 村田書店, pp.94~95

락한 후에는 전라도를 공략할 것, 9조에서 전라도를 공략한 후 성을 쌓아 주둔할 것 등 구체적인 작전명령*을 하달하였다.

명군과 조선 중앙군의 발을 묶어 놓은 채, 일본군은 당시 조선에 주둔하고 있던 대부분의 병력을 동원하여 진주성으로 몰려갔다. 당시 일본군 총병력은 12만 1,578명이며, 도요토미 히데요시의 작전명령서에 명시된 진주성 공략을 위한 일본군 동원병력은 9만 2,972명이었다. 도요토미 히데요시는 불시의 사태에 대비하기 위해 수군 병력 5,460명을 부산 가덕도 인근에 집결시키고, 거제도에 예비병력 1만 4,380명을 집결시켰다. 또한 일본군의 주요 주둔지인 부산성, 김해성, 기장성 등에 소수의 병력을 대기시켰다. 일본군이 진주성 공략에 사활을 걸고 모든 역량을 집결시킨 것이다.

일본군이 진주성으로 몰려갈 당시 조선군은 진주성 수성과 공성에 대한 의견이 엇갈렸다. 진주성을 비우자는 공성론을 주장한 주요 인물은 도원수 김명원, 순찰사 권율, 의병장 곽재우 등이다.** 관군을 담당하고 있던 도원수와 순찰사는 조명연합군의 실질적인 작전권을 행사하였던 명나라 군대의 입장을 따를 수밖에 없었을 것으로 판단된다. 대의명분 상 조선을 돕기 위해 파병된 명군과 군사작전 상의 갈등

* 도요토미 히데요시의 작전지시 3(1539년 5월 1일자)- 목사성(진주성) 공략은 흙주머니(土囊)와 죽창을 만들도록 명하고, 부상자가 나오지 않도록 전투에 임할 것이며, 한명도 빠짐없이 토벌할 것. 그렇게 한 뒤에 전라도(赤國)에 출진하여 승리하도록 할 것. 전라도로 출진해서 완전히 토벌한 후, 앞에서 말한 성들을 견고하게 만들고, 군사의 다소에 따라 성의 크기를 결정하고, 장소도 검토하여 각자 소유할 것(參謀本部 編纂, 『日本戰史 朝鮮役』, 1924, pp.133~135).

** 김강식, 2010, 「충렬록에 나타난 癸巳晋州戰 전사자의 추숭과정과 의미」, 조원래 편, 『임진왜란과 진주성전투』, 국립진주박물관, pp.328~329.

을 빚는 것은 빠른 전쟁종결에 도움이 되지 않을 것이라는 판단을 했을 것이다. 진주성에 도착한 전라병사 선거이가 권율의 명에 의해 진주성에 주둔하고 있던 자신의 병력을 빼서 한양 방향으로 향했던 것도 같은 이유일 것이다.* 따라서 조선관군은 2차 진주성전투에 합류하지 않았고, 진주성을 응원하기 위해 진주성으로 향하던 선거이는 관군을 이끌고 함양으로 철수하였다.

이에 반해, 진주성 수성을 주장한 사람은 국왕이었던 선조, 창의사 김천일, 경상우병사 최경회, 충청병사 황진 등이다.** 국왕 선조를 제외한 이들은 조선군으로서의 관직은 받았지만 기본적으로 의병장 출신이다. 이들이 지휘한 병력은 대부분이 의병으로 조직되어 있어 각자 독자적인 부대 지휘권을 보유하고 있었기 때문에 명군의 전략에 따를 필요가 없었던 것이다.

이에 따라, 진주목사 서예원과 판관 성수경을 비롯한 진주성 주둔군과 인근 지역 및 전라도에서 진주성 방어를 위해 자발적으로 진주성에 들어온 관군과 의병이 일본군 침략에 대비하였다. 경상도 지역에서는 김해 부사 이종인, 사천 현감 장윤, 거제 현령 김준민 등이 진주성에 들어갔다. 전라도 지역에서는 창의사 김천일, 경상우병사 최경회, 복수 의병장 고종후, 태인의병장 민여운 등이 합세하였고, 충청도 지역

* 선거이는 김천일에게 "적과 우리가 많고 적음이 엄청나게 차이가 있으니 물러나 보존함만 못하다"고 하였다(조선왕조실록, 「6월 29일 함락된 진주성 싸움의 자세한 경과」, 선조 40권, 26년(1593 계사 / 명 만력(萬曆) 21년) 7월 16일(무진) 5번째기사)

** 김강식, 2010, 「충렬록에 나타난 癸巳晋州戰 전사자의 추숭과정과 의미」, 조원래 편, 『임진왜란과 진주성전투』, 국립진주박물관, pp.328~329.

에서는 충청병사 황진, 해미현감 김명세, 태안현감 윤구수, 당진현감 송제, 보령현감 이의정 등이 합류했다.

진주성을 방어하기 위한 진주 수성군은 〈표 2〉에서 보는 바와 같이 관군 3,000명과 의병 2,800명 전체 5,800명*으로 기록되어 있다. 2,800명의 의병 중에서 관군은 사천현감이 이끄는 200명이고, 나머지 2,500명은 의병이다. 그리고 2,500명의 의병 중에서 충청도 병력은 황진 충청병사가 이끄는 700명**이고, 나머지 1,800명은 전라도 의병으로 추정된다.

〈표 2〉 제2차 진주성 전투 참여 수성군

지휘관	직함	병력	비고
김천일	창의사	300	도절제(총의병) 장예원 판결사
최경회	경상우병사	500	도절제(총관병)
황진	충청병사	700	순성장
고종후	복수의병장	400	의병장 고경명 장자
이잠	적개의병부장	300	남원의병장(적개), 변사정의부장
이계련	의병장	100	
민여운	태인의병장	200	
강희열	순천의병장		

* 김천일이 말한 3,000명의 병력이 외부에서 진주성을 구원하러 들어온 의병일 수 있다. 진주성에 주둔하고 있는 관군이 3,000명 정도로 가정하면 총병력은 6,000명이 된다.

** 황진은 남원 출신으로 의병을 이끌고 각종 전투에 참여하여 전공을 세움에 따라 충청병사에 임명되었다. 따라서 황진이 이끌었던 700명의 병사는 전라도와 충청도에서 황진을 따라 전투에 참여한 의병으로 추정된다.

강희보	도탄의병장		
고득뢰	전라우의병부장		최경회의 전라우의병 통솔(추정)
오유	복수의병부장		고종후의 부장
서예원	진주목사	3,000	진주판관은 성수경
장윤	사천현감	300	전라좌의병장 임계영의 부장
김준민	거제현령		
이종인	김해부사		
전사의	복수의병장		고종후 군(추정)
이계년			임희진 군(추정)
정원한	웅의대장		민여운 군(추정)
심우신	영광의병장		
정충훈	현웅군대장		
정운호	채의대장		
임희진	해남의병군		
김명세	해미현감		
윤구수	태안현감		
김응건	결성현감		
송제	당진현감		
이예수	남포현감		
박몽열	황간현감		
이의정	보령현감		
정명세	해미현감		
	계	5,800	

자료: 오종록, 2010, 「진주성 전투의 지휘체계와 전투과정」, 조원래 편 『임진왜란과 진주성 전투』, 국립진주박물관, pp.104~105; 지승종, 2010, 「16세기말 진주성 전투의 배경과 전투 상황」, 조원래 편 『임진왜란과 진주성전투』, 국립진주박물관, pp.57~58.

일본군 대병력이 진주성을 향해 몰려오고, 관군과 명군의 지원이 없을 것으로 확인된 시점에서도 진주성 주둔 관군과 전라도 및 충청도에서 온 의병은 2차 진주성전투를 준비하였다. 1차 진주성전투와 달리 대규모 일본군이 공격해오는 상황에서도 진주성 주둔군이 진주성에서 철수하지 않고 전투에 임한 이유는 다음과 같을 것으로 판단된다. 첫째, 진주성에는 김시민이 훈련시킨 정예군이 계속 주둔하고 있었고, 이들은 김시민이 훈련시킨 전략을 숙지하고 전투에 만반의 준비를 하고 있었다.* 둘째, 진주성 수성군은 1차 진주성전투에서 승전한 경험이 있기에 전투에 대한 사기가 높았다. 진주성에 거주하고 있던 일반 백성이 동요하지 않고 성 안에 남아 전투에 도움을 주었던 것은 전투에 또다시 승리할 수 있을 것이라는 확신을 심어줬을 것이다. 셋째, 1차 진주성전투에서 일본군에게 심한 타격을 줌에 따라 경상우도와 전라도로 일본군이 다시 진출을 시도하지 못했을 뿐만 아니라 경상도 지역 대부분은 조선관군과 의병의 지역이 되었고, 이러한 결과에 따라 일본군의 보급로가 차단되어 임진왜란의 종료가 가까워지고 있다는 사실을 이들도 느끼고 있었을 것이다. 넷째, 국왕 선조의 뜻이 진주성 수성이었다는 점이 작용했을 것이다. 진주성 방어를 위한 지휘권은 가장 관직이 높은 창의사 김천일이 맡았다.

* 김천일과 최경희가 서예원을 불러 창고의 곡식을 계산하니 거의 수십만 석이 되었다. 모든 장수들이 크게 기뻐하여 말하기를, "성은 높고 물은 험하며, 양식은 풍족하고 기계도 넉넉하니, 이야말로 오늘날 힘을 바칠 시기이다." 하고 말하였다(조경남, 1593, 『난중잡록(亂中雜錄)』, 권2, 1593년(癸巳年) 6월 15일자, 난중잡록은 조선시대 선조 때 남원(南原)의 의병장 조경남(趙慶男)이 1582년(선조 15)에서 1610년(광해군 2)까지 왜병과 싸운 사실 등을 기록한 개인 저작이다.)

2차 진주성전투는 조선관군과 의병 5,800명이 일본군 9만 3천여 명을 상대한 혈전이었다. 전투는 1593년 6월 21일에 시작되어 29일까지 9일간 지속되었다. 21일 첫날은 실질적인 교전이 없었던 것을 감안하면, 8일 동안 내내 전투가 벌어졌다. 일본군 9만여 명의 병력이 총 25회 이상 진주성을 공격하였고, 진주성에 있던 조선관군과 의병은 29일 마지막 전투에서 동문이 무너지기까지 대단한 결집력을 보이며, 일본군의 공세를 막아냈다. 특히 6월 23일과 25일, 26일에는 모두 1일 당 6~7회의 교전을 모두 버텨냈다. 전투 마지막 날, 일본군이 집요하게 성벽 파헤치기 작업과 장맛비에 성벽이 무너졌고, 무너진 성벽으로 일본군이 쳐들어옴으로써 진주성이 함락되었다.

진주성이 함락되면서 조선군 5,800명은 모두 전사했다. 그러나 일본군의 손실은 더 컸다. 〈표 3〉은 진주대첩과 2차 진주성전투의 전투참여 병력, 전투기간, 교전 횟수를 비교한 것이다. 진주대첩에 비해 훨씬 많은 적(1차 30,000명 추정, 2차 93,000명)을 상대로, 두 배의 전투 기간 동안(1차 4일, 2차 8일), 두 배가 넘는 교전(1차 10회 교전, 2차 25회 교전)을 치렀다.* 이러한 전투상황을 비교하여 일본군의 사망자를 계산해 볼 수 있다. 진주대첩에 비해 조선군이 1.5배 참여하였

* 조선왕조실록 기사에 실록을 기록하던 사관(史官)이 제2차 진주성 전투에 대해 다음과 같은 평가를 한 대목이 눈에 띈다. "온 성중의 제군(諸軍)이 모두 역전(力戰)하였기 때문에 여러 날 동안 버티고 쉽게 함락당하지 않았던 것이다. 만약 이때를 당하여 약간의 외원(外援)만 있었더라면 왜적이 아무리 많다 하더라도 반드시 낭패를 당하고 물러갔을 것이니, 어찌 이처럼 참혹한 데 이르렀겠는가."(선조 41권, 26년(1593 계사 / 명 만력(萬曆) 21년) 8월 7일(무자) 2번째 기사 「비변사가 진주성에서 죽은 이들에게 휼전(恤典: 정부에서 이재민 등을 구제하기 위하여 내리는 특전)을 거행하는 일을 아뢰다」)

고, 교전횟수가 2.5배인 것만을 감안하면, 2차 진주성전투에서 일본군은 최소 3만 8,000명이 사망한 것으로 추정된다.

한국 역사서에는 2차 진주성전투를 패전이라고 기록하고 있다. 그러나 2차 진주성전투 역시 명백한 조선관군과 의병의 승리이다. 5,800명이 지키고 있는 성에 9만 3,000명이 공격했을 때 전투가 계속된다면 언젠가는 성이 함락당하는 것은 너무도 당연하다. 2차 진주성 전투를 이끈 김천일과 최경회, 서예원 등이 지휘하는 조선군과 의병 모두는 이 운명적 전투결과를 알고 있었을 것으로 판단된다. 전투가 강한 일본군 10만 대군이라면 언젠가는 5,800명이 방어하는 진주성은 함락될 수밖에 없다. 함락이 예정되어 있음에도 불구하고 일본군에게 치명타를 안기기 위해 전투에 참전한 것이다. 그 결과 25차례 교전에서 조선관군과 의병은 24차례의 승리를 거두었고, 일본군은 마지막 1차례의 승리만을 했을 뿐이다.

〈표 3〉 진주대첩과 2차 진주성전투의 전투 상황 비교

비교 대상	진주대첩	2차 진주성전투	비교
전투 참여 병력	조선군: 3,800명 일본군: 30,000명	조선군: 5,800명 일본군: 93,000명	조선군: 1.5배 일본군: 3.1배
전투 기간	4일	8일	2배
교전 횟수	10회	25회	2.5배
사망자	조선군: 300명 일본군: 10,000명	조선군: 5,800명 일본군: 38,000명	조선군: 19배 일본군: 3.8배

〈부록〉에서 보는 바와 같이 2차 진주성전투 전사자를 살펴보면 호남 출신 관군과 의병이 무엇을 하였는지는 더욱 명확해진다. 우선 전사자 명단에 진주목사 서예원과 그의 가족(1남 서계성, 1녀 서씨), 그리고 진주판관 박승남과 성수경, 최기필 이외에는 3,000명의 진주 관군이 나타나 있지 않다. 관군은 당연히 자기 지역을 지켜야 하기 때문에 특별한 기록이 없었던 것으로 판단된다. 진주 관군 외에 인근 경상도 관군으로 거제현령 김준민, 황간현감 박몽열, 삼가대장 윤탁, 김해부사 이종인, 진해현감 조경형 사천현감 장윤 등이 전투에 참여하였고, 충청도 관군으로는 충청병마사 황진, 당진현감 송제, 태안군수 윤구수, 보령현감 이의정, 해미현남 정명세 등이 관군과 의병을 이끌고 참여하였다. 그리고 전라도 관군으로 장성현감 김응건, 남평판관 노희상, 웅천현감 허일 등이 참여하였다. 이들 충청도와 전라도 관군 역시 기록에 남아있지 않을 가능성이 높다. 따라서 2차 진주성 전투에서 확인된 전사자 157명 중 107명이 전라도 출신이 많은 까닭은 임진왜란 초기부터 전라도 의병을 이끌고 전투에서 공을 세운 후 벼슬을 받은 김천일과 최경회, 황진 등이 병력을 이끌고 전투에 참여하였기 때문인 것으로 판단된다. 즉 전라도는 초기부터 일본군의 침공을 효과적으로 물리침으로써 지역을 방어할 필요가 없었고, 그에 따라 거병한 의병들이 전투가 지속적으로 벌어지고 있던 경상도도 출전하였으며, 2차 진주성전투의 전운이 감돌자 이를 돕기 위해 대거 진주성으로 들어간 것이다.

이후 일본군은 도요토미 히데요시의 지시대로 전라도에 진출하였다. 그러나 소수의 병력만으로 진격하였고, 조선군과 명군의 대응이 있자 바로 전라도 진격을 포기하고 부산지역으로 퇴각하였다.* 그리고 일본군은 더 이상의 전투를 멈추고 임진왜란 종전을 위해 명군과 화의협상을 서둘렀다. 만일 일본군이 2차 진주성전투 이후 전투력이 보전되었다면 도요토미 히데요시의 명령에 따라 적극적으로 전라도 진출을 꾀했을 것이다. 그러나 일본군이 소수의 병력만을 구례와 남원에 출진시킨 것은 일본군의 전투력이 약화되었기 때문이다. 즉 일본군은 2차 진주성 전투에서 3만여 명의 사망자를 내는 등 엄청난 손실을 겪음으로써 전라도를 공격할 전투력이 없었던 것이다.** 한마디로 2차 진주성 전투로 인해 일본군은 실질적인 전투력을 상실했고, 사실상의 임진왜란이 종료된 것이다.

* "홍계남(洪季男)이 군사를 거느리고 영(嶺)을 내려가다가 적의 선봉(先鋒)을 만나 길에서 적을 공격하여 수십 리를 가며 싸우다가 구례(求禮)·광양(光陽)에 이르러 오랫동안 크게 싸우니 적이 물러갔다. 1기는 사천(泗川)·고성(固城)으로 향해 가서 노략질을 했고, 1기는 삼가(三嘉)·의령(宜寧)으로 향해 가서 공사(公私)의 가옥(家屋)을 불태우고 돌아와서 함안(咸安)·창원(昌原) 등지에 주둔하였으며, 1기는 포로로 잡은 남녀와 복물(卜物: 소나 말 따위에 실어 나르는 짐)을 싣고 김해(金海)를 향해 돌아갔다."(조선왕조실록, 「6월 29일 함락된 진주성 싸움의 자세한 경과」, 선조 40권, 26년(1593 계사 / 명 만력(萬曆) 21년) 7월 16일(무진) 5번째기사)

** 전라도 보성 출신으로 남원에서 임진왜란을 겪었던 안방준의 기록에 따르면, "(1593년) 7월 2일 적이 호남을 향해서 가다가 가토 기요마사가 정예병력 손실이 커서 호남을 점령하기 어렵다고 하고 병사들을 쉬게 하는 것이 최선이라고 말하며 즉시 철군하라"고 명령했다는 이야기를 전하고 있다(안방준, 「진주서사」, 『은봉전서(隱峯全書)』 권7, 1864). 진주서사는 안방준 사후 200여 년 뒤인 조선 고종 때 후손들이 문집으로 엮어 출판하였다.

호남 관군과 의병 전사자의 의미

임진왜란에 대해 한국인은 조선의 갈등과 분열로 인식하고 있다. 갈등과 분열에 의해 전쟁을 대비하지 못하고, 이에 따라 각종 전투에서 지속적으로 패배했다는 것이다. 그러나 조선이 분열과 갈등의 국가였다면 국란을 극복하기는 어려웠을 것이다. 특히 호남 관군과 의병이 전국 각지에서, 특히 경상도 지역으로 원정을 와서 사투를 벌이다 목숨을 바친 사실은 임진왜란을 겪던 시절 모든 조선군과 백성은 국난을 극복하기 위해 지역을 넘어 출전하는 등 국가통합을 유지하고 있었다는 것을 의미한다. 갈등과 분열이 아니라 통합과 희생의 역사였던 것이다.

첫째, 이순신의 난중일기에 따르면 부산성이 일본군에 의해 함락 당했다는 사실을 이순신이 이틀 만에 전해 듣고 있다. 해전에 있어서도 경상도 수군은 경상도에서만, 그리고 전라도 수군은 전라도에서만 전투를 벌인 것이 아니라 서로 연합함대를 이루어 전투에 임하였다. 임진왜란이 발발한지 한 달이 되기도 전인 1592년 5월 7일 전라좌수영의 이순신함대(여수 수영)와 전라우수영(해남 수영)의 이억기함대가 연합하여 거제도 앞바다에서 일본 수군을 상대로 해전을 치렀다. 이후에도 전라도 연합함대는 경상우수영의 원균함대와 연합하여 사천해전과 한산대첩 등의 연전연승을 이끌었다. 전라도 수군에게는 전라도 앞바다를 지키는 것이 임무였음에도 불구하고, 전라도 수군은 경상도 바다까지 진출하는 모험을 감행하였다. 경상도 앞바다 역시 조선 바다라는 거국적인 차원에서 결정을 한 것이다.

〈표 4〉 호남관군과 의병의 주요 전투와 병력 규모

날짜	전투명	호남 출신 지휘관 (타지역 지휘관)	호남병력/ 총병력	비고
1592.5.7.	옥포해전	이순신, 이억기, (원균)	3,080명/ 3,700명	수군
1592.5.7.	합포해전	이순신, 이억기, (원균)	3,080명/ 3,700명	수군
1592.5.8.	적진포해전	이순신, 이억기, (원균)	3,080명/ 3,700명	수군
1592.5.29.	사천해전	이순신, (원균)	3,520명/ 3,970명	수군
1592.6.2.	당포해전	이순신, (원균)	3,520명/ 3,970명	수군
1592.6.5.	진해해전	이순신, 이억기, (원균)	7,020명/ 7,470명	수군
1592.6.5.	당항포해전	이순신, 이억기, (원균)	7,020명/ 7,470명	수군
1592.6.7.	율포해전	이순신, 이억기, (원균)	7,020명/ 7,470명	수군
1592. 6.5~6.	용인전투	이광, 곽영, (김수, 윤선각)	50,000명/ 80,000명	관군, 백성
1592.7.8.	웅치전투	황박, 이복남, 김제	1,000명	관군
1592.7.8.	이치전투	권율, 황진	1,500명	관군
1592.7.8.	한산대첩	이순신, 이억기, (원균)	1,050명/ 8,260명	수군
1592.7.10.	1차 금산성전투	고경명	7,000명	의병
1592.7.10.	안골포해전	이순신, 이억기, (원균)	1.050명/ 5,940명	수군
1592.8.21.	1차 성주성전투	최경회, 임계영, (김면, 정인홍, 배설, 김준민)	3,000명/ 20,000명	의병, 관군
1592.9.11	2차 성주성전투	최경회, 임계영, (김면, 정인홍, 배설, 김준민)	3,000명/ 20,000명	의병, 관군
1592. 10.5.~10	1차 진주성전투 외원	최경회, 임계영, (윤탁, 심대승, 조응도 정유경)	1,100명/ 3,100명	의병, 관군
1592.12.11.	독성산성전투	권율	10,000명	관군
1593. 6.15~29.	2차 진주성전투	김천일, 최경회, 황진, 고종후, 민여운, (서예원, 장윤, 김준일)	1,800명/ 5,800명	관군, 의병

둘째, 호남 관군과 의병은 수군뿐만 아니라 육군 역시 자기 지역에 머물지 않고 타 지역으로 전투를 벌이기 위해 출전하였다. 즉 전라도 지역에서 거병한 5만 명의 관군과 백성들은 충청도, 경상도 지역에서 거병한 병력과 함께 8만 명의 남도근왕군을 조직하여 자신의 지역을 넘어 한양성으로 진출하였다. 그리고 김천일은 나주에서 의병을 이끌고 경기도 지역으로 진출하였다. 곽재우, 김면, 정인홍 등의 경상우도 의병군이 성주성을 공격할 때에도 최경회와 임계영이 이끈 전라도 의병이 대거 참여하였다. 또한 수원 인근에 있는 독성산성전투와 경기도 고양 소재의 행주대첩은 권율이 이끌던 전라도 관군이 주축이었다.

셋째, 임진왜란 당시 조선인의 지역을 초월한 협력을 살펴볼 수 있다. 도요토미 히데요시의 작전명령에 따라 전라도 지역을 점령하도록 되어 있는 일본군 제6번대는 금산에 본영을 두고 웅치와 이치를 넘어 전주로 진격하려고 하였다. 일본군 6번대는 웅치를 돌파하고 전주성 앞까지 진출하였다가 돌연 금산으로 회군하였다. 이것은 고경명이 전라도에서 거병하여 한양성으로 출진하다가 금산성에 일본군이 주둔하고 있으며, 이 부대가 전주로 향했다는 소식을 듣고는 배후를 공격한 것이다. 또한 일본군 6번대는 전라도를 점령하기 위해 경상도로 돌아 진격하다가 경상우도에서 활약하고 있던 곽재우(의령 거점), 정인홍(성주 거점), 김면(거창 거점) 등의 의병군에 의해 차단당했다. 이것은 조선군 및 의병 간에 상호 긴밀한 네트워크로 연결되어 일본군의 이동상황과 전시사정 등에 대하여 서로 연락하면서 전투에 임하였다는 것을 말해준다.

넷째, 임진왜란 당시의 기록을 살펴보면 전라도와 경상우도에서 특히 의병이 많았다는 것을 알 수 있다. 전라도와 경상우도 지역이 일본군에게 점령당하지 않았기 때문에 의병이 거병하여 다른 지역으로 출전한 것이다. 1592년 10월에 벌어진 1차 진주성전투, 즉 진주대첩에서 일본군과 접전을 벌인 조선군은 진주주둔 관군이었지만 진주성 인근에 진주성을 후원하기 위해 경상도와 전라도 지역에서 자발적으로 외원군이 모였다. 능주(현 전남 화순군) 출신인 최경회는 100여 명의 의병을 이끌고 전라도에서 단성까지 와서 합천 군사와 합세하여 진주지역으로 전진하였으며, 남원 출신 임계영도 1,000여 명의 의병을 이끌고 함양까지 진출하여 전투를 벌였다. 그리고 최경회와 임계영의 의병부대는 진주대첩이 종료된 후에도 계속 경상도에 남아서 성주성전투 등 경상도 지역에서 지속적인 전투를 벌였다.

제2차 진주성전투에서는 전라도 출신 의병장과 충청도 의병장들이 지역 의병부대를 이끌고 전투에 참여하였고, 결국 모두 전사했다. 제2차 진주성전투에서는 일본군 9만여 명이 몰려오고 있기에 전투에서 사망할 가능성이 높다는 것을 알고 있음에도 불구하고 자기 지역, 타지역을 가리지 않고 국가를 지키기 위해 각지의 의병이 모여들었다. 진주성 전투를 사실상 끝까지 지휘하다 전사한 창의사 김천일은 나주 출신이며, 김천일과 함께 전사한 경상우병사 최경회는 화순 출신이고, 충청병사 황진은 남원 출신이며, 복수의병장 고종후는 장흥 출신이고, 태인의병장 민여운은 태인 출신이며, 도탄의병장 강희보는 광양 출신이다. 그리고 양산숙은 나주 출신이고, 황대중은 서울에서 태어났지만 강진 출신이다.

특히 〈표 5〉에서 보는 바와 같이 지금까지 밝혀진 제2차 진주성 전사자 신원 중에서 전라도 출신 관군과 의병의 비율은 타지역 출신에 비해 매우 높다. 즉 157명의 전사자 명단 중에서 출신지역이 밝혀지지 않은 17명을 제외한 140명의 75%가 넘는 107명이 전라도 출신이다.

〈표 5〉 진주성 전투 사망 확인자의 출신별 인원수 및 비율

출신	전사자(명)	백분비(%)
서울 · 경기	9	6.4
전라도	107	76.4
경상도	20	14.3
충청도	4	2.9
미상	17	–
계	157	

한마디로 임진왜란 시 각종 전투에서 기본적으로 지역 주둔군 및 의병이 일본군을 맞이하여 전투를 벌였지만, 필요할 때에는 타지역으로 원정하여 전투를 벌였고, 관군과 의병 상호간에 긴밀한 협력을 유지했다. 즉 임진왜란 당시 조선인은 지역갈등이 없었을 뿐만 아니라 한 지역이 위급할 때에는 다른 지역 민관군이 혼연일체가 되어 전투에 참여하였다. 2차 진주성 전투에서 호남 출신 전사자가 특히 많은 것은 이러한 의미를 반영한다.

참고문헌

강문식(2011).「임진왜란기 영 · 호남 의병활동의 비교」,『남명학』 제16집 283-316쪽.

국립진주박물관(2012).『진주성전투』. 국립진주박물관 임진왜란 7주갑(420년) 특별전.

김강식(2010).「충렬록에 나타난 癸巳晋州戰 전사자의 추숭과정과 의미」, 조원래 편,『임진왜란과 진주성전투』, 국립진주박물관, 328~329쪽.

김시덕(2003).「다이코기(太閤記)의 임진왜란 기사에 대한 고찰」,『일본학보』 56(2): 159-174.

루이스 프로이스(2010). 정성화 · 양윤선 옮김.『임진난의 기록: 루이스 프로이스가 본 임진왜란』. 살림출판사.

박성식(2010).「1, 2차 진주성 전투의 실상과 그 영향」, 조원래 편,『임진왜란과 진주성전투』, 국립진주박물관.

박성식(1992).「진주성전투」,『경남문화연구』, 제14호, 경상대 경남문화연구소, 273-316쪽.

박용국(2011).「임진왜란 시 진주지역 남명학파의 의병활동」,『남명학』 제16집, 319-360쪽.

박익환(2010).「임진년 진주대첩에서의 학봉과 김시민의 공업」, 조원래 편,『임진왜란과 진주성전투』, 국립진주박물관.

北島万次(기타지마 만지)(1997).「壬辰倭亂과 晋州城 戰鬪」,『南冥學研究』, 제7집, 慶尙大學校 南冥學研究所, 37-69쪽.

_______(2008). 김유성 · 이민웅 옮김.『도요토미 히데요시의 조선 침략』, 경인문화사.

『선조수정실록』 권26, 25년(1592) 7월 1일(무오) 6번째기사,「왜병이 거창을 침범하자 의병장 김면이 격퇴시키다」.

『선조실록』 권27, 25년(1592) 6월 28일(병진) 4번째기사,「경상우도 초유사 김성일이 의병이 일어난 일과 경상도 지역의 전투 상황을 보고하다」.

『선조실록』 권28, 25년(1592) 7월 26일(계미) 9번째기사,「김시민 · 이상신 · 김홍미 · 이천 등에게 관직을 제수하다」.

『선조실록』 권40, 26년(1593) 7월 10일(임술) 9번째기사, 「창의사 김천일이 진주성의 방어 준비 상황을 보고하다」.
『선조실록』 권40, 26년(1593) 7월 16일 5번째기사, 「6월 29일 함락된 진주성 싸움의 자세한 경과」.
『선조실록』 권40, 26년(1593) 7월 5일(정사) 2번째 기사, 「호남으로 진격하려는 왜적에 대한 대책을 논의하다」.
송정현(1994). 「임진왜란론: 관군과 의병의 역할문제」, 『전남사학』 8: 29-55.
양재숙(2012). 『임진왜란은 조선이 이긴 전쟁이었다: 임진왜란의 상식을 되짚다』, 도서출판 가람기획.
오종록(2010). 「진주성 전투의 지휘체계와 전투과정」, 조원래 편, 『임진왜란과 진주성 전투』, 국립진주박물관.
유성룡(2012). 김흥식 옮김. 『징비록』. 서해문집.
이긍익(1966). 민족문화추진회 역. 『연려실기술』.
이상훈(2010). 「임진왜란 시 국내외 정세와 진주대첩의 배경」, 조원래 편, 『임진왜란과 진주성전투』, 국립진주박물관.
이순신(2010). 노승석 옮김. 『난중일기』. 민음사.
조경남(1593). 『난중잡록(亂中雜錄)』.
조원래(2011). 「임란 초기 전라좌의병과 임계영의 의병활동: 전라도 근왕의병의 활동사례」, 조선시대사학회, 57: 73-109.
______(2003). 「박광전의 거의와 그 일가의 의병운동」. 『퇴계학과 한국문화』, 135-158쪽.
지승종(2010). 「16세기말 진주성 전투의 배경과 전투상황」, 조원래 편, 『임진왜란과 진주성전투』, 국립진주박물관.
參謀本部 編(1924). 『日本戰史 朝鮮役』, 村田書店.

부록

제2차 진주성 전투 사망 확인자의 신원

제2차 진주성전투에서 현재까지 밝혀진 157명의 전사자 인적사항입니다.
『진주성전투』, 국립진주박물관(2012). 국립진주박물관 임진왜란 7주갑(420년) 특별전.

번호	성명	당시 직책	본관	출신	문헌 출처
1	강귀지	전투부대장	진주	함평	호남절의록
2	강희민		진주	순천	재조번방지
3	강희보	방의대장	진주	순천	호남절의록
4	강희복	의병장	진주		충렬실록
5	강희열	의병장	진주	순천	충렬실록
6	강희원		진주	무안	호남절의록
7	고경신	전투부대장	장흥	광주	호남절의록
8	고경원		장흥	광주	은봉전서
9	고경형	참봉	장흥	광주	호남절의록
10	고득뢰	우의병부장	장흥	광주	난중잡록
11	고종후	복수의병장	장흥	광주	은봉전서
12	구희	전투대장	능성	정읍	호남절의록
13	귀인	고종후노비		광주	난중잡록
14	금이	서예원노비		서울	승정원일기
15	김개	의병			충렬실록 해동삼강록
16	김공간	전투대장	고성	남평(나주)	호남절의록
17	김극순			장성	남문창의록
18	김극후			장성	남문창의록
19	김기경	군기 주부	김해	담양	호남절의사 남산사
20	김대민		광산	보성	호남절의록
21	김두남	참좌	김해	담양	호남절의록
22	김몽해		언양	나주	호남절의록
23	김보원		광산	영광	호남절의록
24	김부행		광산	무안	호남절의록
25	김사종		경주	남원	호남절의록
26	김상건	의병	언양	나주	충렬실록
27	김신민		광산	보성	호남절의록
28	김신호		분성	장성	호남절의록
29	김언희		광산	장성	호남절의록
30	김영호		김해	무안	호남절의록
31	김예수	전투부대장	나주	무안	호남절의록
32	김응건	장성 현감	선산		해동삼강록

번호	성명	당시 직책	본관	출신	문헌 출처
33	김응방		김해	영광	호남절의록
34	김응복		김해	광주	호남절의록
35	김의갑		김해	화순	일휴당집
36	김익웅		경주	남원	호남절의록
37	김인갑	전투대장	김해	화순	호남절의록
38	김인혼	군관	울산	장성	은봉전서 해동삼강록
39	김준민	거제 현령		산청	충렬실록 해동삼강록
40	김지남	참좌	김해	담양	호남절의사 남산사
41	김천일	창의사	언양	나주	은봉전서 징비록
42	김축	찬획	김해	담양	호남절의사 남산사
43	김태백	수문장		진주	충렬실록
44	김홍열		광산	흥양(고흥)	호남절의록
45	남응개		의성	보성	호남절의록
46	노성니	유학	함평	흥덕(고창)	호남절의록
47	노씨	서예원자부		서울	승정원일기
48	노언경	전투대장	광산	순천	호남절의록
49	노희상	판관	광산	남평(나주)	호남절의록
50	논개	여성	장수	장수	어유야담 청구야담
51	문홍헌	진사	남평	화순	운봉전서
52	민여운	태인의병장	여흥	태인	운봉전서
53	박기수	남원	밀양		호남절의록
54	박몽열	황간 현감	밀양	김천	선조실록
55	박세항	수문장	밀양	진주	충렬실록
56	박승남	판관	밀양	진주	충렬실록 호남절의록 해동삼강록
57	박승성		죽산	남원	호남절의록
58	박안도	학생	태안	진주	충렬실록
59	박언준		나주	무안	해동삼강록 호남절의록
60	박운	전투부대장	밀양	장성	호남절의록
61	박치경	전투부대장	밀양	화순	호남절의록
62	박혁기	유학	밀양	화순	호남절의록
63	박흡	전투부대장	밀양	영암	호남절의록
64	박홍남		밀양	남원	호남절의록

번호	성명	당시 직책	본관	출신	문헌 출처
65	배몽성	전투대장	성산	순천	호남절의록
66	배승무	전투부대장	밀양	광주	해동삼강록 호남절의록
67	범기봉		나주	광주	조선명신록
68	범기생		나주	광주	조선명신록
69	봉이	고종후노비		광주	약천집
70	서계성	서예원 1남	이천	서울	승정원일기
71	서씨	서예원 여	이천	서울	승정원일기
72	서예원	진주목사	이천	서울	은봉전서징비록
73	서응두	전투부대장	이천	영광	호남절의록
74	서정후	전투대장	이천	남평(나주)	호남절의록
75	서홍도	전투부대장	이천	고창	호남절의록
76	성수경	진주 판관	창녕		징비록
77	소제	전투대장	진주	남원	호남절의록 해동삼강록
78	손승선	의병 대장	밀양	진주	촉석정충단비 충렬실록
79	송건도	의병	은진	진주	충렬실록
80	송대창	전투부대장	여산	여산(익산)	호남절의록
81	송제	당진현감	남양	홍양(홍성)	충렬실록 호남절의록
82	심우신	영광 의병	청송	영광	선조실록
83	안기남	주부	죽산	화순	호남절의록
84	안기중	유학	죽산	화순	호남절의록
85	양산숙	종사관	제주	나주	풍고집
86	양응원		남원	남원	호남절의록
87	양제	선무랑			충렬실록 해동삼강록
88	오방한	만호	보성	남평(나주)	호남절의록
89	오성		함양	임실	호남절의록
90	오유		동복	보성	은봉전서 해동삼강록
91	오응길		해주		해동삼강록
92	오자	정자	함양	창평(담양)	선조수정실록 약천집
93	오죽령	전투대장	동복	화순	호남절의사
94	옥정윤		의령	진주	호남절의록
95	유복립	중부시주부	전주		충렬실록
96	유한량	군기 주부	강릉	고창	호남절의록

번호	성명	당시 직책	본관	출신	문헌 출처
97	유함	의병장	기계	진주	충렬실록
98	유휘진	군기 주부	서녕	광주	호남절의록 해동삼강록
99	윤구수	태안 군수	파평	예산	선조실록
100	윤시복	참정	파평	진주	충렬실록 해동삼강록
101	윤성립	전투대장	파평	함평	호남절의록
102	윤탁	삼가 대장	파평	합천	충렬실록 해동삼강록
103	이계년	표의병	연안	용인	해동삼강록
104	이계련	의병장			은봉전서 제조변방지
105	이광주		양성	남평(나주)	해동삼강록
106	이씨	서예원 처		서울	승정원일기
107	이영근	생원	고성	여산(익산)	호남절의록
108	이예수	남포(보령) 현감		부천	해동삼강록
109	이욱	성균 생원		진주	충렬실록
110	이원춘		경주	홍양(홍성)	해동삼강록
111	이의정	보령 현감	하음	금산	호남절의록 충렬실록
112	이인민	학생		진주	충렬실록
113	이잠	적개의병장	안악	합천	충렬실록
114	이종인	김해 부사	전주		쇄미록 호남절의록
115	이종인	전투부대장	인천	장흥	호남절의록
116	임두춘	전투대장	장흥	영광	호남절의록
117	임희진	해남 의장	장흥	해남	난중잡록 해동삼강록
118	장윤	사천 현감	목천	순천	쇄미록
119	장윤현	수문장		진주	충렬실록
120	전덕인		천안	함평	호남절의록
121	전룡		천안	남평(나주)	호남절의록
122	전사의	복수의병장			선조실록
123	전의생		천안		선조실록
124	정감	전투대장	진주	나주	호남절의록
125	정구룡			함안	해동삼강록
126	정국상	진주 무사	진주	진주	은봉전서
127	정대보			진주	충렬실록

번호	성명	당시 직책	본관	출신	문헌 출처
128	정대수		나주		충렬실록
129	정명세	해미 현감	진주	장흥	은봉전서 호남절의록
130	정명원		진주	장흥	호남절의록
131	정여덕		나주	영광	호남절의록
132	정운호	채의대장			선조실록
133	정원한	웅의대장			선조실록
134	정유경	진주복병장	경주	태인	충렬실록 해동삼강록
135	정윤근		경주	태인	호남절의록 해동삼강록
136	정충훈	현웅군대장	나주	능주	호남절의록
137	조경형	진해 현감			충렬실록 해동삼강록
138	조곤남		창녕	동복(화순)	호남절의록
139	조인호	군관			건재집
140	차승륙	전투대장	연안	장성	호남절의록
141	채희징		평강	임실	호남절의록
142	최개	유학	전주	영암	호남절의록
143	최경회	경상우도 병마사	해주	화순	은봉전서 징비록
144	최기필	판관	전주	진주	충렬실록
145	최억룡	부장	전주	정읍	호남절의록
146	최언량	학생	삭녕	진주	충렬실록
147	최인		탐진	장성	호남절의록
148	최호		탐진	전주	호남절의록
149	최희급	전투부대장	수성	나주	호남절의록
150	최희립	전투부대장	강화	남평(나주)	호남절의록
151	춘년	서예원노비		서울	승정원일기
152	하계선	학생	진주	진주	충렬실록
153	허일	웅천(보령) 현감	양천	순천	호남절의록
154	허협		양천	나주	호남절의록 해동삼강록
155	홍계훈		남양	강진	호남절의록
156	황박		능주	함열(익산)	호남절의록
157	황진	충청도 병마사	장수	남원	충렬실록